BEI GRIN MACHT SICH IHR WISSEN BEZAHLT

- Wir veröffentlichen Ihre Hausarbeit, Bachelor- und Masterarbeit

- Ihr eigenes eBook und Buch - weltweit in allen wichtigen Shops

- Verdienen Sie an jedem Verkauf

Jetzt bei www.GRIN.com hochladen und kostenlos publizieren

Bibliografische Information der Deutschen Nationalbibliothek:

Die Deutsche Bibliothek verzeichnet diese Publikation in der Deutschen National-
bibliografie; detaillierte bibliografische Daten sind im Internet über http://dnb.d-
nb.de/ abrufbar.

Impressum:

Copyright © 2015 GRIN Verlag
Druck und Bindung: Books on Demand GmbH, Norderstedt Germany
ISBN: 9783346025883

Dieses Buch bei GRIN:

https://www.grin.com/document/501237

Anonym

Identitätsfindung auf der Flucht anhand von Koumaïl Dabaïev bzw. Blaise Fortune im Roman "Die Zeit der Wunder"

GRIN Verlag

GRIN - Your knowledge has value

Der GRIN Verlag publiziert seit 1998 wissenschaftliche Arbeiten von Studenten, Hochschullehrern und anderen Akademikern als eBook und gedrucktes Buch. Die Verlagswebsite www.grin.com ist die ideale Plattform zur Veröffentlichung von Hausarbeiten, Abschlussarbeiten, wissenschaftlichen Aufsätzen, Dissertationen und Fachbüchern.

Besuchen Sie uns im Internet:

http://www.grin.com/

http://www.facebook.com/grincom

http://www.twitter.com/grin_com

Universität zu Köln

Institut für Deutsche Sprache und Literatur II

Krieg, Konflikte und Krisen in aktueller Kinder- und Jugendliteratur

Sommersemester 2015

Identitätsfindung auf der Flucht am Beispiel von
Koumaïl Dabaïev bzw. Blaise Fortune im Roman „Die Zeit der Wunder".

4. Semester
Deutsch, Mathematik, Englisch, Bildungswissenschaften

Inhaltsverzeichnis

1. Einleitung: Gegenstand und Zielsetzung der Hausarbeit

Die vorliegende Hausarbeit befasst sich mit der Darstellung der Identitätsfindung des jungen Koumaïls in dem Roman „Die Zeit der Wunder" von Anne-Laure Bondoux, welcher der aktuellen Kriegsliteratur zugeordnet werden kann. Der Adoleszenzroman[1] erzählt eine Flüchtlingsgeschichte aus Kindersicht. Koumaïl Dabaïev (sein französischer Name ist Blaise Fortune) flüchtet mit seiner Ziehmutter Gloria, im Verlauf des Romans stellt sich heraus, dass Gloria seine leibliche Mutter ist, aus dem Kriegsgebiet Kaukasus über Umwege nach Frankreich.

Einleitend wird auf Grundlage der von Martinez und Scheffel veröffentlichten „Einführung in die Erzähltheorie" eine Analyse des fiktiven Raums des Romans in Bezug auf die Aspekte „Zeit", „Modus" und „Stimme" durchgeführt.

Im Anschluss daran folgt eine Analyse der beiden Hauptfiguren Koumaïl bzw. Blaise und Gloria. Von besonderer Bedeutung ist dabei, dass der Protagonist sowohl die Person Koumaïl Dabaiev, als auch den Franzosen Blaise Fortune darstellt. Während der Roman damit beginnt, dass er in seiner frühen Kindheit als Koumaïl mit seiner Ziehmutter Gloria im Kaukasus lebt, endet die Erzählung damit, dass er als amtlicher Franzose mit dem Namen Blaise Fortune in Frankreich lebt und erfährt, dass Gloria in Wirklichkeit seine leibliche Mutter ist. Kurz bevor Gloria in einem Krankenhaus in Georgiens Hauptstadt Tiflis stirbt, kann der nun in Frankreich lebende junge Mann sie nach einem Jahr Suche ausfindig machen. Bei ihrem Wiedersehen erzählt Gloria ihrem Sohn die wahre Geschichte über seine Herkunft und die ersten sieben Jahre seiner Kindheit, an die Koumail selbst keine Erinnerung mehr hat[2].

Darauffolgend wird der Roman im Hinblick auf Lotmans Raumsemantik, welche der „Einführung in die Erzähltheorie" von Martinez und Scheffel entnommen werden kann, betrachtet. Von besonderer Bedeutung ist

---

[1] Vgl.: Lange: Kinder- und Jugendliteratur, S. 147.
[2] Bondoux: Die Zeit der Wunder, S. 8.

dabei, dass sich durch die lange Zeit der Flucht aus dem Kaukasus und die immer wieder neuen Zufluchtsorte von Koumail und Gloria viele verschiedene Teilräume erkennen und beschreiben lassen. Schlussendlich werden die erarbeiteten Ergebnisse aus der Figuren- und Raumanalyse zusammengefasst.

2. Hauptteil

2.1 Erzähltextanalyse nach dem Ansatz von Martinez und Scheffel

2.1.1 Zeit

Die Erzählzeit im Roman „Die Zeit der Wunder" beträgt 189 Seiten, welche in 49 Kapitel unterteilt sind. Im Gegensatz dazu, kann man bei der erzählten Zeit eine Zeitspanne feststellen, die im Jahr 1992 startet und im Jahr 2005 endet. An die ersten sieben Jahre seiner Kindheit (1985-1992) hat der Protagonist Koumaïl keine Erinnerung, diese setzt erst im Jahr 1992 ein, als er mit Gloria und anderen Flüchtlingsfamilien im Großen Haus wohnt[3]. Die fortschreitende Zeit im Verlauf des Romans kann man etwa an Formulierungen wie „der Winter kehrt nach Souma-Soula zurück"[4], „Das Jahr 2000 ging vorüber. Ich wurde fünfzehn. Dann sechzehn und siebzehn."[5] oder „so vergehen drei Wochen"[6] festmachen. In Bezug auf die Ordnung des Romans lässt sich festhalten, dass es keine Prolepsen als Form von Anachronien gibt, jedoch einige Analepsen[7]. So finden sich Beispiele für Analepsen, wenn Gloria Koumail in Form von wörtlicher Rede über die Zeit ihrer Kindheit auf der Farm ihrer Eltern erzählt[8]. Eine weitere Form von Analepsen die im vorliegenden Roman auftreten sind Erzählerkommentare[9], so unterbricht Koumail Gloria z.B. häufig während ihrer Erzählungen mit Aussagen wie „Lass nichts aus,

---

[3] Bondoux: Die Zeit der Wunder, S. 8.
[4] Bondoux: Die Zeit der Wunder, S. 65.
[5] Bondoux: Die Zeit der Wunder, S. 149.
[6] Bondoux: Die Zeit der Wunder: S. 186.
[7] Vgl.: Martinez/Scheffel: Einführung Erzähltheorie, S. 33.
[8] Vgl.: Bondoux: Die Zeit der Wunder: S. 20, 21, 24.
[9] Vgl.: Lämmert: Bauformen des Erzählens, S. 106.

hörst du? Die Verletzten, die zerfetzten Waggons, das Feuer, alles!"[10]. Die Reichweite der verwendeten Anachronien, wie die bereits erwähnten Erzählungen von Gloria über die Zeit bei ihrer Familie, geht in die Zeit um Koumaïls Geburt herum im Jahre 1985 zurück. Der Umfang der Analepsen umfasst dabei die Beschreibung von einzelnen Tagen[11] und Wochen. Außerdem festzustellen sind Passagen, in denen zeitdeckendes Erzählen in Form von Dialogen zwischen Koumail und Gloria genutzt wird[12], oder während eines Telefongespräches zwischen dem nun Blaise genannten Protagonisten und seiner Freundin Prudence[13]. Hinzu kommt die Verwendung von zeitraffendem Erzählen[14], in der die Erzählzeit deutlich kürzer als die erzählte Zeit ist. Formulierungen wie „es ist wieder Winter"[15], oder „es wird Sommer"[16] sind Beispiele dafür. In Bezug auf die vollständige Romanhandlung lässt sich nach Martinez und Scheffel eine überwiegend singulative Erzählung[17] feststellen. Eine Ausnahme stellt lediglich die repetitive Erzählung seitens Gloria dar, welche die Geschichte über ihre Kindheit und Koumaïls Herkunft beinhaltet.

2.1.2 Modus

Anne -Laure Bondoux hat die Form des dramatischen Modus in ihrem Roman gewählt. Dies wird besonders durch die Wahrnehmunsperspektive der am Geschehen beteiligten Personen und dem Realitätseffekt, welcher durch ein großes Maß an Detailreichtum[18] hervorgerufen wird, deutlich. Hinzu kommt außerdem die Verwendung von wörtlicher Rede, welche ebenfalls dem dramatischen Modus zugeordnet wird. So sprechen z.B. Blaise und Dr. Leonidze bei seiner Ankunft in Tiflis miteinander[19]. Bei der Fokalisierung handelt es sich im vorliegenden Roman, nach Martinez und

---

[10] Bondoux: Die Zeit der Wunder: S. 20.
[11] Vgl.: Bondoux: Die Zeit der Wunder: S. 16.
[12] Vgl.: Bondoux: Die Zeit der Wunder. S. 73
[13] Vgl.: Bondoux: Die Zeit der Wunder, S. 179.
[14] Vgl.: Martinez/Scheffel: Einführung Erzähltheorie, S. 44.
[15] Bondoux: Die Zeit der Wunder, S. 34.
[16] Bondoux: Die Zeit der Wunder, S. 119.
[17] Vgl.: Martinez/Scheffel: Einführung Erzähltheorie, S. 45.
[18] Beispielsweise erkennbar an der Formulierung „Es ist drückend heiß." (S. 155).
[19] Vgl.: Bondoux: Die Zeit der Wunder, S. 157.

Scheffel, um eine interne Fokalisierung[20] mit einem aktorialen Erzähler, welcher nicht über mehr Wissen verfügt, als die Hauptfigur Koumail bzw. Blaise. Dies wird dadurch deutlich, dass die bereits beschriebenen Anachronien nicht über Koumaïls/Blaises Erinnerung zurückgehen. Geschehnisse, die etwa nicht mehr in seiner Erinnerung sind, oder vor seiner Geburt liegen, werden von Gloria erzählt. Eine Fixierung der internen Fokalisierung liegt größtenteils vor, da die Geschehnisse der Handlung der Wahrnehmung von Koumail/Blaise entsprechen. Jedoch werden stellenweise auch Glorias Gefühle und deren Wahrnehmung aufgegriffen.[21]

2.1.3 Stimme

Im Verlauf der Romanhandlung, welche insgesamt aus drei Hauptteilen besteht, findet ein Wechsel der Zeitformen statt. Der Roman startet im ersten Kapitel im Präteritum, wie man an Verbformulierungen wie „fanden"[22], „war"[23] und „verbrachte"[24] erkennen kann. Nach dem ersten Kapitel findet ein Wechsel der Zeitform statt. Die folgenden Kapitel 2-33, welche die erinnerte Fluchtgeschichte Koumaïls erzählen, sind im Präsens geschrieben, was an Formulierungen wie „Ich bin krank"[25], oder „Gloria schüttelt den Kopf"[26] deutlich wird. Im Anschluss daran folgen die Kapitel 34-40 wieder im Präteritum („zogen"[27], „sah"[28]). Kapitel 41-49, welche Koumaïls Wiedersehen mit Gloria in Tiflis thematisieren, sind erneut im Präsens verfasst. Textbeispiele dafür sind „es ist drückend heiß"[29] oder „Sie greift nach meinen Händen "[30] Die Erzählebene des Romans ist extradiegetisch-homodiegetisch[31], da der Erzähler am Geschehen der

---

[20]Vgl.: Martinez/Scheffel: Einführung Erzähltheorie, S. 64.
[21] Vgl.: Bondoux: Die Zeit der Wunder, S. 169.
[22] Bondoux: Die Zeit der Wunder, S. 5.
[23] Bondoux: Die Zeit der Wunder, S. 5.
[24] Bondoux: Die Zeit der Wunder, S. 6.
[25] Bondoux: Die Zeit der Wunder, S. 58.
[26] Bondoux: Die Zeit der Wunder, S. 63.
[27] Bondoux: Die Zeit der Wunder, S. 131.
[28] Bondoux: Die Zeit der Wunder, S. 137.
[29] Bondoux: Die Zeit der Wunder, S. 155.
[30] Bondoux: Die Zeit der Wunder, S. 161.
[31] Vgl.: Martinez/Scheffel: Einführung Erzähltheorie, S. 81.

Handlung beteiligt ist. Der Erzähler erzählt in diesem Fall seine eigene Geschichte, was am Einstieg des Romans zu erkennen ist.

„Meine ältesten Erinnerungen reichen ins Jahr 1992 zurück, als Gloria und ich mit anderen Flüchtlingsfamilien im Großen Haus wohnen."[32]

2.2 Figurenanalyse

2.2.1 Koumaïl Dabaiev bzw. Blaise Fortune

Die Hauptfigur des Romans „Die Zeit der Wunder" ist der Heranwachsende Koumaïl, welcher mit seiner Mutter Gloria aus dem Kriegsgebiet Kaukasus flieht. Der mittlerweile zwanzigjährige Protagonist und Ich-Erzähler erzählt rückblickend, wie er die letzten acht Jahre als Flüchtling erlebt hat. Dabei berichtet Koumaïl ausführlich von den politischen und emotionalen Leiden, die seine Flucht aus dem Kaukasus begleiten. Immer wieder muss er unvorbereitet und erzwungen seine gewohnten Umgebungen verlassen, was charakteristisch für eine Flucht ist[33]Das besondere Merkmal Koumaïls ist es, dass er im Verlauf des Romans den Namen Blaise Fortune annimmt, welcher für seine Verbindung zu Frankreich steht. Seine Familie besteht nur noch aus seiner, wie zunächst angenommen, Ziehmutter Gloria. Seine leiblichen Eltern, so erzählt es ihm Gloria immer wieder, seien bei einem schweren Zugunglück im Kaukasus ums Leben gekommen[34]. Gloria war es, die den Säugling aus den Trümmern gerettet und schließlich zu sich genommen hat. Koumaïls Erinnerungen an seine eigene Kindheit setzen im Jahr 1992 ein, als der damals Siebenjährige zusammen mit Gloria aus dem Kaukasus flieht[35]. Während seiner Zeit im Großen Haus besucht Koumaïl die „Universität der Armen"[36]. Hier werden die Kinder von den verschiedenen Bewohnern des Hauses unterrichtet. Für Koumaïl bedeutet der Unterricht eine willkommene Ablenkung zu dem sonst so tristen Alltag. Auch wenn

---

32 Bondoux: Die Zeit der Wunder, S. 8.
33 Vgl.: Fritsche: Kinder auf der Flucht, S. 12.
34 Vgl.: Bondoux: Die Zeit der Wunder, S. 22.
35 Vgl.: Bondoux: Die Zeit der Wunder, S. 8.
36 Bondoux: Die Zeit der Wunder, S. 30.

das hier erworbene Wissen „kunterbunt durcheinander" zusammengewürfelt ist, saugt Koumaïl alles auf[37]. Koumail und die anderen hier lebenden Kinder versuchen ihre Tage, die sie ausschließlich im Inneren und im Hofe des großen Hauses verbringen dürfen, trotz des anhaltenden Krieges abwechslungsreich zu gestalten[38]. Die einzige Person, die Koumail als wirkliche Bezugsperson bezeichnet, ist Gloria. Da die beiden immer wieder ihre Zelte abbrechen und weiterziehen müssen, fällt es dem Jungen schwer, Freundschaften mit Gleichaltrigen zu schließen. So bezeichnet Koumaïl die Kinder im großen Haus als seine temporären Spielkameraden[39]. Er trifft zwar im Verlaufe seiner Flucht immer wieder auf Kinder in seinem Alter, weiß jedoch ganz genau, dass diese Bekanntschaften nur von kurzer Dauer sind. So bleibt ihm nur Gloria als Konstante in seinem Leben. Da sie auch die einzige Person ist, die über Wissen bezüglich seiner ersten Lebensjahre verfügt, nimmt sie für Koumaïl eine besondere Position ein. Obwohl er zur Zeit der Flucht noch nicht weiß, dass Gloria nicht nur seine Ziehmutter, sondern in Wirklichkeit seine leibliche Mutter ist[40], vergöttert er diese. So ist es für ihn auch während seiner Zeit in Frankreich das Wichtigste, Gloria endlich wiederzufinden[41]. Gedanken daran, seine Gloria nicht mehr wiederzusehen, versetzen in jedes Mal in „Angst und Schrecken"[42]. Einige Jahre, nachdem es dem nun Blaise Fortune heißenden jungen Mann gelungen ist, die französische Staatsbürgerschaft zu erlangen, gelingt es ihm endlich Glorias Spur aufzunehmen. Mit „heftigem Herzklopfen"[43] macht er sich auf den Weg nach Tiflis. Seine Entschlossenheit Gloria wiederzufinden, wird endlich belohnt. Er selbst ist von dem einst ängstlichen und oftmals an der Zukunft zweifelndem Kind zu einem entschlossenen, zielstrebigen jungen Mann herangewachsen. Die Suche nach seiner wahren Identität hat Koumail abgeschlossen, nachdem er als Volljähriger offiziell Bürger der Französischen Republik wird und seine

---

[37] Vgl.: Bondoux: Die Zeit der Wunder, S. 30.
[38] Vgl.: Bondoux: Die Zeit der Wunder, S.12.
[39] Vgl.: Bondoux: Die Zeit der Wunder, S. 12.
[40] Vgl.: Bondoux: Die Zeit der Wunder, S. 175.
[41] Vgl.: Bondoux: Die Zeit der Wunder, S. 153.
[42] Bondoux: Die Zeit der Wunder, S. 143.
[43] Bondoux: Die Zeit der Wunder, S. 154.

Mutter Gloria endlich wiederfindet[44]. Die Figur Koumaïl bzw. Blaise wird nach Pfister als eine dynamisch konzipierte Figur[45] bezeichnet.

2.2.2 Gloria

Eine weitere Person, der im Roman eine wesentliche Rolle zukommt, ist Gloria Vassilievna. Über Glorias wahre Vergangenheit und Herkunft wird der Leser lange Zeit im Unklaren gelassen. Da sie selbst Koumaïl ihre Lebensgeschichte immer wieder in abgeänderter Form[46] erzählt, erfährt auch er erst kurz vor ihrem Tod, wer Gloria wirklich ist. Als Tochter der Russen Vassili und Liuba wächst Gloria in Abchasien auf einer Obstplantage auf[47]. Gemeinsam mit ihren fünf Brüdern Fotia, Oleg, Anatoli, Iefrem und Dobromir arbeitet sie täglich auf dem Feld. Als sie im Jahr 1984, im Alter von zwanzig Jahren den Tschetschenen ZemZem kennenlernt, verändert sich ihr Leben[48]. Gloria und ZemZem verlieben sich ineinander und wenige Monate später ist die schwanger. Am 28. Dezember 1985 bringt sie schließlich einen Jungen, es handelt sich um Koumaïl, zur Welt[49]. Durch den kurz danach einbrechenden Krieg verändert sich das Leben der junge Familie. ZemZem organisiert eine Revolution und baut mit Hilfe von einer Gruppe freiwilliger Helfer Bomben[50]. Gloria selbst charakterisiert sich zu dieser Zeit als „leichtsinnig und jung"[51]. Nachdem ihr bewusst wird, welch enorme Ausmaße ihr Vorhaben mit sich tragen wird, bittet die junge Frau ZemZem darum, den Plan, einen Schnellzug in die Luft zu jagen, abzublasen[52]. Dieser weigert sich jedoch und so explodiert ein Zug voller Zivilisten. Gloria bereut die Tat augenblicklich und sucht in den Trümmern nach Überlebenden. Sie folgt den Rufen einer Frau. Anstatt ihr jedoch zu helfen, entwendet sie lediglich Geld, zwei französische Pässe und einen großen Armeesack[53].

---

44 Vgl.: Bondoux: Die Zeit der Wunder, S. 154.
45 Vgl.: Pfister: Drama, S. 242.
46 Vgl.: Bondoux: Die Zeit der Wunder, S. 16.
47 Vgl.: Bondoux: Die Zeit der Wunder, S. 168.
48 Vgl.: Bondoux: Die Zeit der Wunder, S. 168.
49 Vgl.: Bondoux: Die Zeit der Wunder, S. 169.
50 Vgl.: Bondoux: Die Zeit der Wunder, S. 170.
51 Bondoux: Die Zeit der Wunder, S. 170.
52 Vgl.: Bondoux: Die Zeit der Wunder, S. 171.
53 Vgl.: Bondoux: Die Zeit der Wunder, S. 172.

Um ihr Baby vor dem nach dem Anschlag gesuchten ZemZem zu schützen, verlässt Gloria ihre Eltern und die gemeinsame Flucht von ihr und Koumaïl beginnt. Von nun an kümmert sich Gloria alleine um Koumaïl, sie ist seine Familie. Die Tatsache, dass sie seine leibliche Mutter ist, verschweigt sie ihm lange Zeit. Erst im Alter von 41 Jahren, kurz vor ihrem Tod, erzählt sie dem inzwischen jungen Mann die wahre Geschichte über seine Herkunft und die ersten sieben Jahre seines Lebens[54]. Glorias Wesen ist, nachdem sie ihre Eltern und ZemZem hinter sich gelassen hat, von Zuversicht, Hoffnung und Durchhaltevermögen geprägt. Auf dem schweren Weg ihrer Flucht schafft sie es immer wieder eine geeignete Unterkunft und Arbeit zu finden und für Koumail und sich zu sorgen. Gloria bezeichnet Koumaïl immer wieder als ihr kleines Wunder und spricht ihm Mut zu „Schlaf jetzt, mein kleines Wunder. Morgen sieht die Welt schon wieder anders aus."[55] Glorias oberstes Ziel ist es, Koumail in eine sichere Zukunft zu führen. Dabei stellt sie ihre eigenen Bedürfnisse und Wünsche oftmals hinten an und handelt im Interesse ihres Sohnes. Ein Beispiel dafür ist, dass sie trotz ihres immer wiederkehrenden, schweren Hustens unermüdlich auf der Müllhalde in Souma-Soula arbeitet[56]. Formulierungen wie „keuchte"[57], „der Hund bellt und knurrt in ihrer Brust"[58]oder „während Gloria sich fast die Lunge auf dem Leib hustet"[59] machen deutlich, dass es ihr dabei ersichtlich schlecht geht. Um Koumaïl jedoch nicht zu beunruhigen, wiegelt sie sein besorgtes Nachfragen mit „papperlapapp"[60] ab. Trotz ihrer großen Angst, bald zu sterben[61], erzählt sie Koumail immer das Gegenteil, um ihn davon zu überzeugen, dass er ihr gut geht. Nachdem Gloria ihr Ziel, ihren Sohn sicher über die Grenze nach Frankreich zu bringen, erreicht hat, fällt eine große Last von ihr ab. Das Opfer, Koumail alleine im Viehtransporter zurückzulassen, hat Gloria mit voller Absicht gebracht. Sie steht vor der Entscheidung Frankreich gemeinsam mit ihrem Sohn zu erreichen, jedoch

---

[54] Vgl.: Bondoux: Die Zeit der Wunder, S. 189.
[55] Bondoux: Die Zeit der Wunder, S. 26.
[56] Vgl.: Bondoux: Die Zeit der Wunder, S. 50.
[57] Bondoux: Die Zeit der Wunder, S. 50.
[58] Bondoux: Die Zeit der Wunder, S. 49.
[59] Bondoux: Die Zeit der Wunder, S. 51.
[60] Bondoux: Die Zeit der Wunder, S. 50.
[61] Vgl.: Bondoux: Die Zeit der Wunder, S. 183.

direkt wieder abgeschoben zu werden, oder Koumaïl als minderjährigen Flüchtling in die Obhut des französischen Staates zu übergeben[62]. Die Figur Glorias kann ebenfalls als dynamische Figur[63] beschrieben werden, da eine deutliche Entwicklung von ihrer durch Revolutionen geprägten Jugend bis hin zur aufopferungsvollen Mutter zu erkennen ist.

2.3 Raumsemantik

„Da eine Erzählhandlung stets an einen oder an mehrere Schauplätze gebunden ist, hat die Aufteilung des erzählten Raums eine wichtige strukturierende Funktion für die Handlung, die Figurenkonstellation und die Themen einer Erzählung"[64]. Den verschiedenen Teilräumen im vorliegenden Roman fällt eine besonders große Bedeutung zu, da sie den Weg der Flucht, mit seinen verschiedenen Etappen, des jungen Koumaïls und seiner Mutter Gloria darstellen. Der erste Teilraum ist das große Haus, in dem Koumaïl und Gloria Zuflucht vor der Miliz und dem Krieg finden. Obwohl sich dieses in einem desolaten Zustand befindet, sich die Tapete von den Wänden löst und das Haus von Rissen und Feuchtigkeit durchzogen ist[65], fühlt Koumaïl sich hier sicher. Da Koumaïl und die anderen dort lebenden Kinder das große Haus aus Sicherheitsgründen nicht verlassen dürfen, spielt sich hier ihr gesamter Tagesablauf ab: hier essen, spielen, schlafen und lernen sie[66]. Betrachtet man die topologische Ebene, so ist das große Haus der Raum innen und die Stadt in der es sich befindet, an deren Namen sich Koumaïl jedoch nicht mehr erinnern kann, der Raum außen. Auf semantischer Ebene bedeutet das Haus sowohl für Koumaïl, als auch für Gloria Heimat, Rückzugsort und Schutz vor der Miliz. Gloria jedoch weiß, dass das große Haus nur für bestimmte Zeit ihre Heimat ist. Sie ist stets dazu bereit ihr Marschgepäck zu packen und zusammen mit Koumaïl die Flucht zu ergreifen[67]. Die „klassifikatorische Grenze"[68] liegt zwischen der unbekannten Stadt und dem großen Haus, da

---

[62] Vgl.: Bondoux: Die Zeit der Wunder, S. 183.
[63] Vgl.: Bachorz: Analyse der Figuren, S. 58.
[64] Haupt: Zur Analyse des Raums, S. 69.
[65] Bondoux: Die Zeit der Wunder, S. 11.
[66] Bondoux: Die Zeit der Wunder, S. 38.
[67] Bondoux: Die Zeit der Wunder, S. 14.
[68] Martinez/Scheffel: Einführung in die Erzähltheorie, S. 158.

es Koumaïl nicht gestattet ist, das Grundstück zu verlassen. Nachdem Koumaïl und Gloria das große Haus verlassen müssen, lassen sie sich in Souma-Soula, einem riesigen Dorf in der Nähe der Berge, nieder[69]. Dieser neue Teilraum steht in korrelativer Verbindung zum großen Haus. Die beiden Teilräume werden kontrastiert[70]. Koumaïl findet, dass Souma-Soula bei weitem nicht so schön ist, wie ihr alter Zufluchtsort[71]. Nachdem immer mehr Familien Souma-Soula verlassen, beschließen auch Koumaïl und Gloria weiterzuziehen[72]. Während der folgende Abschnitt ihres Weges für Koumaïl Kummer, Hunger und Ungewissheit bedeutet[73], versucht Gloria ihn immer wieder aufzumuntern („nur Mut", sagt Gloria immer wieder. „Bald sind wir da".[74]), für sie stellt der Weg auf dem sie sich befinden die Hoffnung nach einem befreiten Leben in Frankreich dar. Nachdem sie schließlich über Moldawien[75] nach Rumänien gelangt sind[76], finden sie erneut Zuflucht für einen längeren Zeitabschnitt. Die Bewohner eines Zigeunerlagers gewähren ihnen Unterschlupf in einem ihrer Wohnwagen. Hier findet erneut eine korrelative Verknüpfung der Orte statt [77]. Der vorherige Abschnitt der Flucht, welcher von einem Leben in der freien Natur, Hunger und Kälte geprägt war steht im Gegensatz zu einem Leben in der geschützten Zivilisation innerhalb des Lagers der Zigeuner. Für Koumail stellt das Leben im Lager eine Verbindung zu der Zeit im Großen Haus dar[78]. Auf semantischer Ebene betrachtet, finden die beiden hier, ähnlich wie im Großen Haus, Wärme und Geborgenheit. Das für Koumail Entscheidende ist, dass er endlich wieder wie ein Kind spielen kann und Freunde findet. Auch hier lässt sich wieder eine „klassifikatorische Grenze"[79] zwischen dem Zigeunerlager und der Stadt feststellen. Die Bewohner verlassen das Lager nicht und fühlen sich so

---

[69] Bondoux: Die Zeit der Wunder, S. 46.
[70] Haupt: Zur Analyse des Raums, S. 79.
[71] Bondoux: Die Zeit der Wunder, S. 46.
[72] Vgl.: Bondoux, Die Zeit der Wunder: S. 69.
[73] Vgl.: Bondoux: Die Zeit der Wunder, S. 72.
[74] Bondoux: Die Zeit der Wunder, S. 72.
[75] Vgl.: Bondoux: Die Zeit der Wunder, S. 108.
[76] Vgl.: Bondoux: Die Zeit der Wunder, S. 112.
[77] Vgl.: Haupt: Analyse des Raums, S. 79.
[78] Vgl.: Bondoux: Die Zeit der Wunder, S. 117.
[79] Vgl.: Martinez und Scheffel: Einführung Erzähltheorie, S. 158.

„vor der Polizei und dem Hochwasser des Flusses"[80] geschützt. Doch auch Koumaïls und Glorias Zeit im Zigeunerlager ist begrenzt. Nachdem ungefähr ein Jahr vergangen ist, beschließen die Zigeuner Richtung Süden weiterzuziehen[81]. Koumail und Gloria brechen Richtung Westen auf[82], eine neue Etappe ihrer Flucht bricht an. Die folgenden Etappen ihrer Flucht weisen sich als die schwierigsten auf. So verbringen sie zahlreiche Nächte unter freiem Himmel[83] und hungern[84] oftmals tagelang. Der für Koumaïl, bzw. den nun Blaise heißenden Jungen, letzte Teilraum besiegelt das Ende seiner Flucht. Nachdem er im Dezember 1997 in einem Viehtransporter, mit welchem er über die Grenze nach Frankreich geschmuggelt wurde[85], entdeckt wird, beginnt ein neuer Abschnitt seines Lebens. Die Stadt Poitiers und das dort bestehende Kinderhilfswerk wird zu seiner neuen Heimat. Dieser Ort steht in korrelativer Verknüpfung[86] zur Koumaïls gesamtem vorherigen Fluchtweg. War die Flucht von Angst, Unbeständigkeit und Hoffnungslosigkeit geprägt, so findet Koumaïl in Poitiers eine neue Heimat und schließlich auch eine neue Bezugsperson. Seine Freundin Prudence[87], welcher er im Heim kennenlernt, verkörpert Koumaïls Glück endlich nach Frankreich gelangt zu sein.

Von besonderer Bedeutung sind in „Die Zeit der Wunder" die Wegstrukturen im Raum. Der von Birgit Haupt beschriebene, enge Zusammenhang zwischen dem Verhalten der Figuren eines Romans und der Wegstruktur des Raums[88] ist im vorliegenden Roman deutlich zu erkennen. Der von Koumail und Gloria zurückgelegte Weg ist von fremdbestimmter Mobilität geprägt. Da sich die beiden auf der Flucht befinden, ist es nicht ihre freie Entscheidung z.B. das große Haus im Morgengrauen abrupt zu verlassen, oder nach einem Jahr im Zigeunerlager weiterzuziehen. Zum Schutz vor der Miliz und dem Krieg brechen sie auf in einen neuen, ihnen noch unbekannten Teilraum. So werden aus noch fernen und fremden Anschauungsräumen auf ihrer

---

[80] Bondoux: Die Zeit der Wunder, S. 117.
[81] Vgl.: Bondoux: Die Zeit der Wunder, S. 121.
[82] Vgl.: Bondoux: Die Zeit der Wunder, S. 122.
[83] Vgl.: Bondoux: Die Zeit der Wunder, S. 110.
[84] Vgl.: Bondoux: Die Zeit der Wunder, S. 108.
[85] Vgl.: Bondoux: Die Zeit der Wunder, S. 131.
[86] Vgl.: Haupt: Analyse des Raums, S. 79.
[87] Vgl.: Bondoux: Die Zeit der Wunder, S. 148.
[88] Vgl.: Haupt: Analyse des Raums, S. 81.

Flucht stets neue Aktionsräume[89].Durch die stattfindenden Grenzüberschreitungen der beiden Hauptakteure des Romans, handelt es sich laut Lotman um einen Sujethaften Text[90]. Eine besonders große Bedeutung, sowohl als Anschauungsraum, als auch als Aktionsraum kommt dabei dem Land Frankreich zu. Auf semantischer Ebene haben die zahlreichen Fluchtrouten der beiden eine Bedeutungsverbindung zur Freiheit, da sie es immer wieder schaffen vor der Miliz, der Gefangenschaft und dem Tod zu entkommen. Andererseits kann man dies jedoch auch als Zeichen von Heimatlosigkeit und ständigem vertrieben werden deuten.

3. Fazit

Zusammenfassend lässt sich sagen, dass der vorliegende Roman „Die Zeit der Wunder" von Anne-Laure Bondoux der aktuellen Kriegsliteratur zugeordnet werden kann. Der heranwachsende Protagonist, welcher im Verlauf seiner Flucht aus dem Kriegsgebiet Kaukasus seine Verbundenheit zu Frankreich entdeckt, entwickelt sich dabei schrittweise zu einem selbstbewussten jungen Mann. Die Tatsache, dass er am Ende seiner Flucht Frankreich unbeschadet erreicht, Zuflucht in einem Kinderhilfswerk in Poitiers findet, die Schule abschließt und schlussendlich offiziell die französische Staatsbürgerschaft erhält, spricht dafür, dass er seine wahre Identität als Blaise Fortune gefunden hat. Den Jungen Koumaïl Dabaïev und die mit ihm verbundenen Strapazen, als der er die Jahre während der Flucht gelebt hat, hat er erfolgreich hinter sich gelassen. Es handelt sich um einen sujethaften Text[91], welcher von der wiederholten Grenzüberschreitung der Protagonisten lebt.

---

[89] Vgl.: Haupt: Analyse des Raums, S. 76.
[90] Vgl.: Lotman: Struktur literarischer Texte, S. 333.
[91] Vgl.: Martinez und Scheffel: Einführung Erzähltheorie, S. 142.

4. Literaturverzeichnis

A. Quellen

Bondoux, Anne-Laure: Die Zeit der Wunder. 1. Aufl. Hamburg: Carlsen Verlag 2014.

B. Darstellungen

Bachorz, Stephanie: Zur Analyse der Figuren. – In: Peter Wenzel (Hrsg.): Einführung in die Erzähltextanalyse. Kategorien, Modelle, Probleme. Trier: WVT 2004, S. 51-67.

Fritsche, Michael: Kinder auf der Flucht: Kinder- und Jugendliteratur zu einem globalen Thema im 20. Jahrhundert. – In: Katalog zur Sonderausstellung im Rahmen der 27. Oldenburger Kinder- und Jugendbuchmesse 2001 aus den Beständen der Universitätsbibliothek Oldenburg und anderer Bibliotheken im Stadtmuseum (2002).

Haupt, Birgit: Zur Analyse des Raums. – In: Peter Wenzel (Hrsg.): Einführung in die Erzähltextanalyse. Kategorien, Modelle, Probleme. Trier: WVT 2004, S. 69-87.

Lange, Günther: Kinder- und Jugendliteratur der Gegenwart. Ein Handbuch. 1. Aufl. Baltmannsweiler: Schneider-Verl. Hohengehren 2011.

Lämmert, Eberhard: Bauformen des Erzählens. 6., unveränd. Aufl. Stuttgart: Metzler 1975.

Lotman, Jurij M.: Die Struktur literarischer Texte. 4., unveränd. Aufl. München: Fink 1993.

Martinez, Matias, und Scheffel, Michael: Einführung in die Erzähltheorie, 8., erw. und aktualisierte Aufl. München: Beck 2009.

Nünning, Ansgar, und Nünning, Vera: Erzähltextanalyse und Gender Studies. Stuttgart: J.B. Metzler 2004.

Pfister, Manfred: Das Drama. Theorie und Analyse. 11. Aufl. München: Fink 2001.